21 MARS 1877

CATALOGUE

DE

TABLEAUX ET DESSINS

ANCIENS & MODERNES

PAR BONINGTON, GÉRICAULT, CONSTABLE, DELAROCHE, MARILHAT, ETC.

Les Tableaux et Dessins modernes forment, dans leur ensemble, une collection de maîtres du commencement de ce siècle, provenant pour la grande majorité de la Collection du peintre Bouginier, élève de Gros, et condisciple et ami de Géricault et Bonington.

DONT LA VENTE AUX ENCHÈRES PUBLIQUES AURA LIEU

HOTEL DROUOT, SALLE N° 4

AU PREMIER ÉTAGE

Les Mercredi 21 et Jeudi 22 Mars 1877

A UNE HEURE ET DEMIE PRÉCISE

Par le ministère de Me DELESTRE, Commissaire-Priseur,
Successeur de Me DELBERGUE-CORMONT, 27, rue Drouot,
Assisté de M. CLEMENT, M^d d'Estampes de la Bibliothèque Nationale,
3, rue des Saints-Pères, 3.

EXPOSITION PUBLIQUE : Le Mardi 20 Mars 1877,

De une heure à cinq heures.

CONDITIONS DE LA VENTE

Elle sera faite au comptant.

Les adjudicataires payeront *cinq pour cent* en sus des enchères.

Les attributions de l'amateur ont été conservées.

ORDRE DES VACATIONS

Mercredi, 21 mars, Dessins anciens..... N°s 102 à la fin.
Jeudi, 22 mars, Dessins modernes...... — 57 à 101
— — — Tableaux............ — 1 à 56

Paris. — Typ. PILLET et DUMOULIN, 5, rue des Grands-Augustins.

DÉSIGNATION DES TABLEAUX

BONINGTON (R.-P.).

1. Henri IV et sa famille. Esquisse.
Haut., 37 cent.; larg., 51 cent.

BONINGTON (R.-P.).

2. Vénus et l'Amour.
Haut., 18 cent.; larg., 25 cent.

BONINGTON (R.-P.).

3. Une rue de Rouen.
Haut., 35 cent.; larg., 27 cent.

BONINGTON (R.-P.).

4. Un prisonnier les mains enchaînées.
Haut., 29 cent.; larg., 22 cent.

BONINGTON (R.-P.).

5. Une plage de Normandie. Avec figures.
Haut., 31 cent.; larg., 57 cent.

BONINGTON (R.-P.).

6. Portrait de femme assise.
Haut., 26 cent.; larg., 22 cent.

— 4 —

BONINGTON (R.-P.).

7. Suzanne au bain.

Haut., 32 cent.; larg., 21 cent.

BONINGTON (R.-P.).

8. Les Parisiens demandant du pain à Henri IV.

Haut., 12 cent.; larg., 20 cent.

BONINGTON (R.-P.).

9. Un mendiant.

Haut., 25 cent.; larg., 18 cent.

BONINGTON (R.-P.).

10. J. Molé.

Haut., 22 cent.; larg., 18 cent.

BONINGTON (R.-P.).

11. Une Vierge.

Haut., 26 cent., larg., 22 cent.

BONINGTON (R.-P.).

12. Guliver.

Haut., 22 cent.; larg., 16 cent.

BONINGTON (R.-P.).

13. Un pêcheur raccommodant ses filets.

Haut., 21 cent.; larg., 25 cent.

BONINGTON (R.-P.).

14. L'homme au pourpoint noir, d'après Titien.

Haut., 55 cent.; larg., 43 cent.

BONINGTON (R.-P.).

15. Hérodiade, d'après Rubens.

Haut., 32 cent.; larg., 24 cent.

BONINGTON (R.-P.).

16. Charles-Quint, d'après Titien.

Haut., 39 cent.; larg., 31 cent.

BREUGEL (P.).

17. Paysage avec figures.

Haut., 10 cent.; larg., 14 cent.

CONSTABLE (J.).

18. Paysage avec église, etc.

Haut., 22 cent.; larg., 33 cent.

CONSTABLE (J.).

19. Paysage montagneux avec rivière et pont.

Haut., 16 cent.; larg., 24 cent.

CONSTABLE (J.).

20. Soleil couchant.

Haut., 16 cent.; larg., 22 cent.

COROT

21. Clairière.

Haut., 17 cent.; larg., 23 cent.

COROT

21 *bis*. Forêt de Fontainebleau; bouquet d'arbres; chêne colossal abattu et bûcherons. Fontainebleau, 1851. Provient de la vente Corot en 1875.

Haut., 36 cent.; larg., 46 cent.

DAVID (L.).

22. Le jeune tambour mourant.

Haut., 42 cent.; larg., 79 cent.

DECAMPS (A.-J.).

23. Rembrandt dans son atelier. Tableau peint sur cuivre. Signé.

Haut., 25 cent.; larg., 14 cent.

DECAMPS (A.-J.).

24. Le Singe peintre. Copie retouchée par Decamps.

Haut., 12 cent.; larg., 18 cent.

DELAROCHE (Paul).

25. La Chambre gothique de l'hôtel de Cluny; un page présente un plateau à un vieillard couché dans le lit. Signé.

Haut., 41 cent.; larg., 33 cent.

DELAROCHE (Paul).

26. Un portrait de religieux.

Haut., 28 cent.; larg., 32 cent.

DIAZ (N.).

27. Vue de forêt avec un chevreuil.

Haut., 28 cent.; larg., 18 cent.

DOMINIQUIN (Domenico Zampieri, dit le).

27 bis. Lot et ses filles. Très-belle composition.

Haut., 1 m. 42 cent.; larg., 1 m. 12 cent.

DUPRÉ (J.).

28. Paysage avec chasseur et chien. Signé.

Haut., 24 cent.; larg., 32 cent.

ÉCOLE FRANÇAISE DU XVIIIᵉ SIÈCLE.

29. Vue de jardin avec figures.

Haut., 46 cent.; larg., 37 cent.

GÉRICAULT (Th.).

30. Le Hussard. Esquisse du tableau du Musée du Louvre.

Haut., 26 cent.; larg., 19 cent.

GÉRICAULT (Th.).
(PENDANT DU PRÉCÉDENT)

31. Le Dragon. Esquisse du tableau du Musée du Louvre.

Haut., 26 cent.; larg., 19 cent.

GÉRICAULT (Th.).

32. Un lion.

Haut., 32 cent.; larg., 41 cent.

GÉRICAULT (Th.).

33. Attaque d'une tour par des chevaliers.

Haut., 24 cent.; larg., 29 cent.

GÉRICAULT (Th.).

34. Un cheval de foulon dans une grange.

Haut., 40 cent.; larg., 54 cent.

GÉRICAULT (Th.).

35. Paysage; effet d'orage. Signé.

Haut., 19 cent.; larg., 23 cent.

GÉRICAULT (Th).

36. Un cuirassier conduisant deux chevaux. Esquisse.

Haut., 55 cent.; larg., 45 cent.

GÉRICAULT (Th.).

36 bis. Paysage.
Haut., 11 cent.; larg., 19 cent.

GUÉRIN

37. La Mort de Socrate.
Haut., 30 cent.; larg., 46 cent.

GREUZE (J.-B.).

38. Son portrait à son retour de Rome. Donné à sa fille en 1789. Derrière, constatation de la main de sa fille.
Haut., 16 cent.; larg., 14 cent.

JANRON

39. La Grand'mère et l'enfant.
Haut., 36 cent.; larg., 24 cent.

DUJARDIN (Karel).

40. Cour de ferme avec figures.
Haut., 13 cent.; larg., 16 cent.

LEDIEU

41. Un âne.
Haut., 32 cent.; larg. 32 cent.

LEDIEU

42. Un âne.
Haut., 29 cent.; larg., 37 cent.

MARILHAT

43. Marine; le point du jour.
Haut., 20 cent.; larg., 32 cent.

MARILHAT
44. Un paysage d'Orient.

Haut., 16 cent.; larg., 24 cent.

MARILHAT
45. Vue d'un couvent en Italie, avec figures.

Haut., 20 cent.; larg., 29 cent.

MEYER (Mlle).
46. Une jeune fille près d'un puits.

Haut., 21 cent.; larg., 13 cent.

MICHEL
47. Un cheval à l'écurie.

Haut., 22 cent.; larg., 32 cent.

MOREAU (L.).
48. Vue d'un lac, avec paysage et figures.

Haut., 17 cent.; larg., 24 cent.

O'CONNOR
49. Cour de ferme, avec paysage et figures.

Haut., 18 cent. larg., 22 cent.

PRUD'HON (P.-P.).
50. La Poésie éveillant le Génie.

Haut., 32 cent.; larg., 40 cent.

ROBERT (L.).
51. Un tailleur de pierres italien.

Haut., 32 cent.; larg., 26 cent.

ROUSSEAU (Th.).
52. Un chêne d'automne, avec figures.

Haut., 21 cent.; larg., 28 cent.

ROUSSEAU (Attribué à Th.).

53. Un étang et moulin dans le Finistère.

Haut., 24 cent.; larg., 31 cent.

SCHEFFER (H.).

54. La Veuve.

Haut., 25 cent.; larg., 17 cent.

SIGNOL

55. Abraham bénissant Jacob.

Haut., 25 cent.; larg., 32 cent.

TASSAERT

56. Jeune fille au bord d'un ruisseau.

Haut., 34 cent.; larg., 25 cent.

DESSINS MODERNES

ANONYME

57. Jeune femme assise devant une cheminée. A la plume.

BONHEUR (Mlle Rosa).

58. Une tête de vache. A la pierre noire, relevée de blanc.

BONINGTON (R.-P.).

59. Vue de l'hôtel de Cluny; sur le devant un grand nombre de personnages en costumes du moyen âge, se disposant à partir pour la chasse. Magnifique aquarelle.

60. Paysage; dans le fond, la vue d'une cathédrale. Très-belle aquarelle.

61. Vue d'une église et maisons gothiques. Beau dessin à la pierre noire.

62. Entrée d'un port. Beau dessin au crayon noir et blanc.

63. Un port de mer. Joli dessin à la plume.

64. Jeune page arrêtant un cheval. Joli dessin au crayon noir

65. Pêcheurs et navires au bord de la mer. Au crayon noir.

CONSTABLE (J.).

66. Les Faucheurs de blé. Aquarelle.

DECAMPS (A.-J.).

67. Une voiture de décharge attelée dans un port. A la sépia. Signé.
68. Le Savetier. Sépia. Signé.
69. Berger gardant son troupeau. Au crayon noir.

DELACROIX (Eug.).

70. Un lion couché. Beau dessin au bistre.

DREUX-DORCY

71. Portrait d'une jeune fille. Au crayon noir et au bistre.

FLANDRIN (H.).

72. La Mise au tombeau. D'après une fresque d'Orcagna. A la plume.

GÉRICAULT (Th.).

73. Jupiter et Léda, d'après Michel-Ange. A la plume.
74. Études de chevaux, croquis d'après le Jugement dernier, de Michel-Ange, dessin au recto et au verso. A la plume.
75. Un cheval au repos, une selle sur le dos. Au crayon noir.
76. Un paysage. Curieux dessin à la plume.
77. Croquis pour le Naufrage de la Méduse. A la plume et aquarelle.
78. Pêcheur sur une barque faisant naufrage. Aquarelle.
79. Études de chevaux et cavaliers. Quatre dessins à la plume, au crayon noir et au bistre, pourront être divisés, ainsi que les numéros suivants.

GÉRICAULT (Th.).

80. Sujets mythologiques, études et académies, pour ses compositions. Vingt-trois dessins à la plume, au crayon noir et au bistre.

81. Etudes de cavaliers, de militaires et autres. Sept dessins à la plume et au bistre.

82. Etudes de chevaux. Trente et un dessins à la plume.

GROS (A.-L.).

83. Napoléon visitant les pestiférés de Jaffa. Croquis à la plume.

HARPIGNIES

84. Paysage des environs de Marseille. Beau dessin au fusain.

INGRES

85. Un saint en prière. Croquis au crayon noir.

JONKING

86. Paysage avec rivière traversée par un pont. Aquarelle.

LAMI (Eugène).

87. Voitures et diligences de Paris. Huit dessins à la plume et au bistre ont été lithographiés.

88. Le Tilbury, calèche à deux chevaux, etc. Quatre dessins à la plume, à l'encre de Chine, rehaussés de blanc.

89. Cavaliers et fantassins. Deux dessins au crayon noir.

MEISSONIER (E.).

90. Militaires en costume de l'époque Louis XV, buvant. Charmant dessin a la mine de plomb.

PUJOL (Abel de).

91. Académies d'hommes; études pour ses compositions. Deux dessins au crayon noir.

RAFFET

92. Sujets militaires. Six dessins aux crayons noir et blanc et au bistre seront vendus sous ce numéro.

REGNAULT (H.).

93. Paysage. Aquarelle.
94. Étude d'arbres. Aquarelle.

ROBERT (L.).

95. Étude d'un taureau. Au crayon noir et à la plume.

ROUSSEAU (Th.).

96. Petit paysage. A la plume.

VAN SPANDONK

97. Rose mousseuse. Aquarelle.

VERNET (H.).

98. Un train d'artillerie. Au crayon noir.
99. Têtes de chevaux. Aux crayons noir et blanc.
100. Cavaliers arabes. Deux dessins à la mine de plomb.
101. Scène de révolution sur la place de l'Hôtel-de-Ville. A la plume et au bistre.

DESSINS ANCIENS

ANONYME

102. Paysage avec ruines. A la pierre noire, rehaussé de blanc.

BACKHUYSEN (L.).

103. Une marine. A la plume et encre de Chine.

BANDINELLI (B.).

104. Études de femmes drapées. Au verso une composition d'ornement. A la plume.

BAPTISTE (J.-B. Monnoyer, dit).

105. Bouquet de fleurs. A la sépia, rehaussé de blanc.

BAROCHE (F.).

106. L'Adoration des mages. Première pensée de la fresque de l'Escurial. Beau dessin au bistre, rehaussé de blanc.

BARTHOLOMEO (Fr).

107. La Vierge et l'Enfant Jésus. Au crayon noir, rehaussé de blanc.

BERGHEM (N.).

108. Une femme assise et études de mouton et mulet, sur une même feuille. A la mine de plomb.

BIGIO (M.-A., dit le Francia-Bigio).

109. Seigneur implorant un apôtre debout devant lui. Beau dessin peint sur papier.

BOISSIEU (J.-J. de).

110. Paysages avec rochers et cours d'eau. Deux dessins à l'encre de Chine.

BOLOGNESE (J.-B. Grimaldi, dit).

111. Château fort sur un rocher. Beau dessin à la plume et au bistre.

BOLOMEY (1762).

112. Portrait du marquis de Brunoi. Beau dessin aux trois crayons, lavé d'encre de Chine et d'aquarelle. Signé.

BOUCHARDON (Ed.).

113. Étude pour une Madeleine en pleurs. A la sanguine.

BOUCHER (F.).

114. Étude d'un jeune homme appuyé sur une balustrade. Aux crayons noir et blanc.

BOUCHER (Attribué à F.).

115. Vue d'un moulin. Dessin de forme ovale. A l'aquarelle.

BOUDEWYNS (A.-F.).

116. Études de différents personnages, sur une même feuille. A la pierre noire.

BOURDON (Sébastien).

117. Brigands jouant aux cartes. A la sépia, rehaussé de blanc.

BRUNETTI

118. Projet de place pour le Théâtre-Français. A la plume, lavé d'aquarelle.

BUONAROTI (École de M. Ange).

119. Académie d'homme nu, composition pour un plafond. A la plume.

BURGKMAIR (J.).

120. Jésus en prière au jardin des Oliviers. A la plume.
121. Le même sujet traité différemment. A la plume.

CAMPAGNOLA

122. Paysage avec deux grands arbres sur le devant. A la plume.

CAMPI (Ant.).

123. Une femme assise. Études de tête, de pied et de main. Beau dessin au crayon noir rehaussé de blanc, sur papier bleu. Vers le haut de la droite se trouve la signature de Claude Lorain, avec dédicace.

CAMPI (Bernardino).

124. Pèlerins recevant la communion. A la plume et au bistre.

CANGIAGE.

125. Composition allégorique. Beau dessin à la plume et au bistre.

CARAVAGE (Polidore de).

126. Chars de triomphe. Dessin du verso et du recto d'une médaille. A la plume.
127. Allégorie sur l'abondance. Au bistre, rehaussé de blanc.

CARMONTELLE

128. Une jeune dame descendant l'escalier d'un parc; un jeune seigneur vient à sa rencontre. Charmant dessin à la plume lavé d'aquarelle.

CARPI (G. de).

129. Statue d'Apollon. Beau dessin à la plume.

CHARDIN (S.).

130. Études de différents personnages représentés en pied, sur une même feuille. Beau dessin à la plume et au bistre.

COCHIN (N.).

131. Statue de saint Thadée. A la sanguine.

CORTONE (Pietro di).

132. Le Baptême de Clovis. Beau dessin à la plume et au bistre.

COUSIN (J.).

133. L'Ange apparaissant à saint Joseph pour lui ordonner de fuir en Egypte. Beau dessin au bistre, rehaussé de blanc.

COUSIN (Attribué à J.).

134. Figure de femme en pied implorant le ciel. A l'encre de Chine.

COUSIN (École de).

135. Figure de la Foi. Beau dessin à la plume et au bistre, rehaussé de blanc.
136. Composition allégorique sur la mort. A la plume et au bistre.

CRAESBEECK (J. Van).

137. Buste d'homme coiffé d'un chapeau et une pipe à la bouche. Au bistre.

CUYP (Albert).

138. Une vache qui pâture. A la plume, lavé d'aquarelle.

DEBUCOURT (P.-L.).

139. Jeune fille debout dans l'allée d'un parc. A la plume et aquarelle.

DELAUNE (Étienne).

140. Une bataille. Dessin en forme de frise. A la plume.

DESPORTES.

141. Un chien couché. Au crayon noir.

DETROY.

142. Croquis pour portraits de femmes. Deux dessins à la plume.

DONATELLO (Attribué à).

143. Statue antique drapée. Beau dessin a la plume.

DUPLESSIS-BERTAUX.

144. Portrait de Washington. A la plume.

DUJARDIN (Karel).

145. Études de vaches. Deux dessins à la pierre noire.
146. Un âne, vu de face, un sac sur le dos. Beau dessin à l'encre de Chine.

DYCK (Ant. Van).

147. Étude pour un Portement de croix. A la plume.
148. Études de têtes et de mains. Deux dessins à la pierre noire et sanguine.
149. Portrait du R. P. Cottier. A la plume et pierre noire.
150. Portrait d'un religieux, assis dans un fauteuil et lisant; entouré d'un cartouche avec armoiries. A la plume, crayon et encre de Chine.

ÉCOLE ITALIENNE DU XIVᵉ SIÈCLE.

151. Un homme en costume du xivᵉ siècle, debout sous portique ornementé. Beau dessin à la plume.

ÉCOLE DU XIVᵉ SIÈCLE.

152 Une femme à genoux. A la plume.

ÉCOLE FLORENTINE PRIMITIVE.

153. La Vierge et l'Enfant Jésus adorés par deux saints. Au bistre, rehaussé de blanc.

ÉCOLE FLORENTINE DU XVᵉ SIÈCLE.

154 Le Christ en croix. A la plume et au crayon noir.

ÉCOLE FLORENTINE DU XVIᵉ SIÈCLE.

155. Dessin d'une stalle. Au bistre et encre de Chine.

ÉCOLE VÉNITIENNE DU XVe SIÈCLE.

156. Une femme nue s'arrachant les cheveux. Beau dessin au bistre, rehaussé de blanc.

ÉCOLE VÉNITIENNE DU XVIe SIÈCLE.

157 Moïse sauvé des eaux. Aux crayons noir et blanc, sur papier bleu, composition au recto et au verso.

ÉCOLE ROMAINE.

158. Études de chevaux. Dessin à la plume au recto et au verso.

ÉCOLE DE BOURGOGNE.

159. Jésus saisi par les Juifs. Beau dessin à la plume.

ÉCOLE FRANÇAISE DU XVIe SIÈCLE.

160. Ornementation pour une cheminée. A la plume et au bistre.

ÉCOLE FRANÇAISE DU XVIIIe SIÈCLE.

161. Un Amour au milieu d'une touffe de fleurs et feuillages. charmant dessin à l'aquarelle. Encadré.

ÉCOLE FRANÇAISE DU XVIIIe SIÈCLE.

162. Jeune homme debout appuyé contre un arbre. A la plume.

163. Portraits de deux jeunes seigneurs représentés en pied. Deux dessins à la sanguine.

164. Scène de comédie. Aquarelle.

165. Une bergère en pleurs sur le tombeau de son amant. Beau dessin à l'aquarelle.

166 Paysages avec figures. Deux charmants dessins de forme ovale. A la sanguine.

EISEN (Ch.).

167. Berger et bergère au repos. Joli dessin à la plume.

FARINATI (Paolo).

168. Femme nue couchée sur des draperies. Beau dessin aux divers crayons; daté de 1566.

FRAGONARD (H.).

169. Villa romaine. A la sépia.
170. Petit vue du Point-du-Jour. Au crayon noir.

FREDOU.

171. Portrait du maître d'armes des ducs de Chartres et de Montpensier. Beau dessin aux trois crayons, signé et daté de 1759. Encadré.

GELLÉE (Cl., dit Le Lorrain).

172. Porte de la villa Pamphile. A la plume et au bistre.
173. Petite marine. A la plume et encre de Chine.
174. Composition allégorique. A la plume et au bistre.

GIORGION

175. Un roi et sa suite implorant la statue de Cérès. Beau dessin à la plume et au bistre.
176. Jésus-Christ à table chez Simon le Pharisien. Beau dessin à la sanguine, rehaussé de blanc.

GOLTZIUS (H.).

177. Figure allégorique. A la plume; au verso une étude de tête à la pierre noir attribuée au Titien.

GOUJON (Attribué à J.).

178. L'Abondance, projet pour une statue. Beau dessin à la plume et encre de Chine.

GOUJON (École de).

179. Une nymphe implorant l'Amour. A la plume et au bistre.

GOUTTIÈRE.

180. Le Temps et la Danse des Saisons. Deux très-jolis médaillons au milieu d'ornements et figures allégoriques. Deux dessins à l'encre de Chine.

GOYA (F.).

181. Homme debout, enveloppé d'un grand manteau. Au crayon noir.

GOYEN (J. Van).

182. Place d'un marché. Composition de figures. Au crayon noir et encre de Chine.

183. Paysage traversé par une rivière. Aquarelle.

GREUZE (J.-B.).

184. Croquis pour différentes compositions. Trois dessins à la plume.

GUIDO-RENI.

185. La Vierge sur les nuages, adorée par un saint ; dans un entourage ornements. Composition pour un plafond. A la plume et au bistre.

GUARDI (F.).

186. Vue de Venise. A la plume et encre de Chine.

GUASPRE-POUSSIN.

187. Paysages italiens. Deux dessins à la plume.

HOUDON.

188. Statue d'un roi, sur un piédestal. A la plume et encre de Chine.

HOUEL.

189. Ruines d'un château. Dessin de forme ronde. A l'aquarelle.

HUBERT-ROBERT.

190. Intérieur d'un parc, traversé par une rivière, avec personnages sur le devant. A la sanguine.
191. Vue d'un palais avec lac sur le devant. Beau dessin au crayon, lavé d'aquarelle.

HUET (J.-B.).

192. Château fort au bord d'une rivière, sur le devant une jeune femme avec un enfant. Gouache.
193. Petit paysage avec ruines et personnages sur le devant. A la plume et encre de Chine.

HUYSUM (J. Van).

194. Fleurs et fruits autour d'une fontaine. A la plume.

KESSEL (J. Van).

195. Entrée d'une forêt. A l'aquarelle.

LALLEMAND.

196. Vue d'une cour de ferme. Au crayon noir et encre de Chine.

LARGILLIÈRE (N.).

197. Jeune femme à mi-corps cueillant des fleurs dans un vase. A la sanguine.

LECLER (J.-S.).

198. Cavaliers combattant. A la plume.

LEDOUX (Mlle).

199. Jeune femme assise, tenant une corbeille de fruits sur ses genoux. Dessin de forme ovale. A l'aquarelle.

LENAIN.

200. Portrait d'un évêque, un diacre assis. Deux dessins aux divers crayons.

LEONI (Ottavio).

201. Portrait d'homme. Beau dessin aux trois crayons.

LEPRINCE (X.).

202. Personnages turcs. Croquis à la plume.
203. Seigneurs turcs au repos dans un parc. Au crayon noir.

LEPRINCE (J.-B.).

204. Vue d'une église au milieu d'un paysage avec cours d'eau. Au bistre.

LEPRINCE (J.).

205. Intérieur d'une cour de ferme. Beau dessin aux trois crayons.

LESUEUR (Eust.).

206. Sujet de la vie de saint Bruno. A la sanguine.
207. Portrait de François Flamand. A la sanguine.

LEYDE (École de L. de).

208. La Résurrection. A la plume et encre de Chine.

LOUTERBOURG.

209. Paysans au repos. A l'aquarelle.

MARATTE (Carle).

210. Tête d'un saint. A la sanguine.
211. La Mort de Sisara. Beau dessin à la plume et au bistre.

MAZUOLLI (F., dit Le Parmesan).

212. Zachaéé montée sur le sycomore pour voir passer Jésus-Christ. Beau dessin au bistre, rehaussé de blanc. Collections Brochant, Dameri et Basan.
213. Etudes de femmes. Composition pour un plafond. A la plume et au bistre.

MIERIS (G. Van).

214. Femmes nues. Projet pour une fontaine. Au crayon noir.

MIGNARD (P.).

215. Portrait du marquis de Berenghen. A la pierre noire, lavé d'encre de Chine.
216. Portrait du duc de Bourgogne. Beau dessin aux crayons noir et blanc, sur papier bleu.
217. Portrait de Turenne. Au crayon noir.

MOREAU (J.-M.).

218. Scène intérieure d'une maison de campagne. Composition de treize figures. Beau dessin à la plume, au bistre et encre de Chine.

MOREAU (L.).

219. Une chaumière au milieu d'un paysage. Gouache.
220. Château en ruines, au bord d'une rivière. Aquarelle.
221. Vue des bords d'une rivière. Aquarelle.

MOUCHERON

222. Paysage. Beau dessin à la plume et au bistre, portant le monogramme du maître.

MURILLO (B.).

223. Suzanne au bain, surprise par les vieillards. Beau dessin au bistre, rehaussé de blanc.
224. La Vierge et l'Enfant Jésus adorés par différents saints. Beau dessin à la plume, lavé d'encre de Chine.
225. Saint en prière. — L'Assomption de la Vierge. Deux dessins au crayon noir et au bistre.
226. Etudes de différents saints, sur une même feuille. A la plume.

NATOIRE (Ch.-J.).

227. Jeune femme à sa toilette. Au crayon noir, rehaussé de blanc, sur papier bleu.

NICOLE.

228. Château fort au bord d'une rivière, en Italie. Aquarelle.
229. Vue d'un palais italien. Encre de Chine et sépia.
230. Vue d'une forteresse. A la plume et aquarelle.

OSTADE (A. Van).

231. Intérieur hollandais avec quatre figures d'hommes, dont trois assis et jouant. Beau dessin à l'aquarelle.

OSTADE (J. Van).

232. Une cour de ferme. — Monuments en ruines. Deux dessins à la plume, au bistre et à la pierre noire.

OTTO VENIUS.

233. Le Martyre des vierges de Cologne. Beau dessin peint à la détrempe sur papier.

OZANNE.

234. Vue d'un port de mer avec personnages sur le devant. A l'encre de Chine.

PILLEMENT.

235. Le Retour des champs. Au crayon noir et encre de Chine.
236. Paysage avec rochers et cascades. A la pierre noire.

PIOMBO (S. DEL).

237. Les Lutteurs. Étude de trois figures. Aux crayons noir et blanc.

PORBUS (École de).

238. Portrait d'un jeune homme. Beau dessin à la pierre noire, lavé et rehaussé de blanc, sur papier bleu.

POTTER (P.).

239. Un cochon couché et l'autre debout. Au crayon noir.
240. Cheval qui pâture. Au crayon noir.

POUSSIN (N.).

241. Bataille. Composition de forme ronde. Beau dessin à la plume et au bistre. Collections Crozat, Calvière et de Luynes.
242. Martyre d'une sainte. Croquis aux crayons noir et blanc.
243. Le Jugement de Pâris. A la plume et au bistre.
244. Un sacrifice. Composition au recto et au verso. A la plume et au bistre.
245. Les Compagnons d'Ulysse changés en bêtes après avoir bu le breuvage que leur a donné Circé. Ulysse résiste à Circé et à l'Amour. Beau dessin à la plume et au bistre.
246. Vue de la porte Saint-Pancrace à Rome. A la plume.

POUSSIN (N.).

247. Hercule domptant le taureau de Crète. A la plume et sépia.
248. Paysage antique. Au crayon noir.
249. Le Baptême de Jésus-Christ. A la plume et au bistre.
250. Paysage traversé par une rivière. A la plume.

PROCACCINI.

251. Études de têtes. Beau dessin à la sanguine, rehaussé de blanc.

PRUD'HON (P.-P.).

252. Composition allégorique. Beau dessin au crayon noir.
253. Le Commerce, — les Arts, — la Modération et la Prudence. Suite de quatre dessins pour dessus de portes. Au crayon noir, sur papier calque. Collection du comte d'Arlay.
254. Différents croquis sur une même feuille. Au crayon noir, sur papier calque. Collection du comte d'Arlay.
255. Allégorie sur le port de Bayonne. A la plume, rehaussé de blanc.
256. Deux croquis sur une même feuille. A la plume.

PUGET (P.).

257. Groupe d'un lion et d'un homme nu. A la plume.
258. Le Retour d'Égypte. Dessin de forme ovale. A la plume.
259. Académies d'hommes. A la plume.

PUGET (Le fils).

260. Portrait de Keller, représenté la main droite appuyée su un canon. A la plume et au bistre.

REMBRANDT (P. Van Rhin).

261. Croquis de deux personnages debout. A la plume.
262. Croquis pour une composition religieuse. A la plume et encre de Chine. Collection Saint-Aubin.
263. Un sacrifice. Composition d'un grand nombre de figures. Très-beau dessin à la sanguine.
264. Un ange apparaissant à un homme à genoux devant lui. A la plume.

ROMAIN (Jules Pippi, dit J.).

265. Sainte Famille, ou l'Enfant Jésus reçoit des fruits du petit saint Jean. Beau dessin au crayon noir, rehaussé de blanc.
266. Une sybille. Beau dessin au bistre, rehaussé de blanc.

ROMAIN (Attribué à J.).

267. Académie d'homme. Au bistre, rehaussé de blanc.

ROMBOUTS.

268. L'Adoration des mages. Au crayon noir.

ROWLANDSON.

269. Le Déjeuner. A la plume. Gravé.

RUBENS (P.-P.).

270. Études d'Amours sur une même feuille. A la sanguine.
271. Un ange terrassant le démon. Beau dessin aux trois crayons.
272. Deux cariatides sur une même feuille, représentant l'Europe et l'Afrique. Beau dessin aux crayons noir et blanc, sur papier bleu.
273. Étude d'homme nu. — Mercure. Deux dessins aux divers crayons; un est sur papier bleu.

RUISDAEL (J.).

274. Ruines au bord d'une rivière. A l'encre de Chine et pierre-noire.

SAINT-AUBIN (A. de).

275. Scène d'intérieur avec deux personnages. A la plume, lavé d'encre de Chine.
276. Jeune seigneur faisant ses adieux à une jeune femme. Scène d'intérieur. Beau dessin au bistre.
277. Portrait de Mlle Bigotti, représentée jouant de la guitare. Croquis à la plume.
278. Portrait de Soufflot. Buste dans un cartouche avec attributs. A la mine de plomb et encre de Chine.

SANZIO (Attribué à R.).

279. Pallas remettant son manteau après le jugement de Pâris. Au crayon noir.
280. Une femme debout tenant un poignard de la main droite. Beau dessin à la sanguine.

SANZIO (École de R.).

281. Tête d'un Apôtre. Beau dessin à la sanguine.
282. Le Christ transporté au tombeau. Beau dessin à la plume et au bistre.
283. Saint Jean tenant la croix, et études de têtes. A la plume et au bistre.

SASSO FERRATO.

284. Tête de sainte en extase. Beau dessin à la sanguine, rehaussé de blanc.

SCHWAERTS.

285. Paysage. Beau dessin à la plume, lavé de sépia.

SNYDERS.

286. Têtes de chiens. — Deux levriers. Deux dessins aux divers crayons et à l'encre de Chine.

STEEN (J.).

287. Portrait d'un jeune homme jouant de la flûte. Beau dessin aux trois crayons.

SUBLEYRAS.

288. Jeune fille assise. Au crayon noir.

TERBURG (G.).

289. Tête d'un jeune homme coiffé d'un chapeau. A la sanguine.

TITIEN.

290. Vue intérieure d'une église. Beau dessin à la plume.

TOBAR.

291. Études d'Amours. Dessin en forme de frise. A la plume et encre de Chine.

TOZIA BEMBO (Attribué à).

292. Jeune femme en buste. Dessin peint sur papier.

TRIBOLO.

293. Composition pour un plafond. A la plume et au bistre.
294. Croquis de trois personnages. A la plume et au bistre.

UDEN (L. Van).

295. Paysage avec cours d'eau. A la plume et encre de Chine.

VAGA (Perino del).

296. Différents triomphes. Trois dessins à la plume, montés sur une même feuille.

297. Différents croquis sur une même feuille. Composition au recto et au verso. A la plume.

VAN AXEN.

298. Le Portement de croix. Beau dessin à la plume.

VANLOO.

299. Buste de femme. Beau dessin aux trois crayons.

VELDE (A. Van).

300. Une brebis couchée. Joli dessin aux trois crayons.
301. Une vache couchée. A la sanguine.

VELDE (G. Van).

302. Marine. A la plume et encre de Chine.
303. Combat naval. A la plume et au bistre.

VERBOECKHOVEN (E.).

304. Vaches et moutons qui pâturent. A la mine de plomb, sur papier calque.

VERNET (J.).

305. Château fort au bord de la mer. Encre de Chine et sépia.
306. Pêcheurs au bord de la mer. A la plume.

VEROCCHIO (Attribué à).

307. Buste d'un jeune Florentin. Beau dessin à la plume.

VERONESE (P.).

308. Buste de jeune femme avec un voile sur la tête. Aux crayons noir et blanc.

VITTI (Thimotheo d'Urbin).

309. La Madeleine aux pieds du Christ, chez Simon le Pharisien. A la sanguine.

VOLTERRE (Daniel de).

310. Le Christ descendu de la croix. Beau dessin aux crayons noir et blanc.

VOUET (S.).

311. Enfants sur des nuages, soutenus par un ange. Au crayon noir.

WATTEAU (Ant.).

312. Jeune enfant assis et jouant de la flûte en gardant des moutons. Au crayon et aquarelle.
313. Jeune femme debout, vue de dos. A la sanguine.

WITTE.

314. Les enfants vendangeurs. Composition de trois figures. aquarelle.

WOUVERMANS (Ph.).

315. Chevaux harnachés, et croquis sur une même feuille. Joli dessin à la sanguine.
316. Cromwell dictant une lettre. Composition de deux figures. Au crayon noir, rehaussé de blanc, sur papier bleu.

ZURBARAN.

317. L'Assomption de la Vierge. Beau dessin au bistre.

DESSINS EN LOTS

318. Étude pour une Samaritaine. — Étude de têtes et de mains.— Croquis pour sujets religieux.— Paysages et sujets mythologiques. Huit dessins à la plume, au bistre et à l'encre de Chine.

319. Un Christ descendu de la croix. — Paysages. —Vases. — Études de têtes d'enfants. Cinq dessins par Van-Dyck. — Constantin d'Aix, Clodion et Mignard.

320. Sujets allégoriques.— Costumes turcs.— Paysages et portraits. Six dessins par de La Hyre, Leprince, Boissieu, Denon, Van-Dyck et Van-Goyen.

321. Paysan tenant un cheval par la bride.— Étude pour une Ascension du Christ.— Études de têtes. — Intérieur d'une académie. — Portrait d'un moine. Six dessins par Wouvermans, Palma le Vieux, Dominiquin, Tesla, et École de Léonard de Vinci.

322. Études de fleurs, paysages.— Croquis militaires.— Étude d'un bœuf debout. Cinq dessins par Redouté, E. Lami, Granet et Rubens.

323. Moutons et vaches dans une prairie. — Un mouton couché. — Paysages. Quatre dessins par N. Poussin, Rembrandt et Van Velde.

324. Étude de trois personnages en costume du xviᵉ siècle. — Un Amour. — Les enfants vendangeurs. — Études de têtes. Cinq dessins par Bonifacio, Greuze, Rubens et autres.

325. La Résurrection de Lazare. — Jeune militaire en costume du xvᵉ siècle. — Étude pour une Adoration des mages, etc. Cinq dessins par N. Poussin, Giorgion et autres.

326. Tête d'une jeune fille. — L'Heureux ménage. — Jeune roi en prière. — Saint Thomas touchant les plaies du Christ. Six dessins par Wille, Greuze, Poussin et autres.

327. Costumes de théâtre et costumes militaires. — Croquis divers. — Paysages. — Dieux marins. Quatorze dessins par Desrais, Mantegna, Giorgion et Leprince.

328. Études de têtes et de mains. — Paysages et portraits. 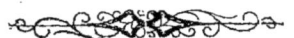 Neuf dessins par Mieris, Greuze, Breemberg et autres.

329. Académie d'homme. — Paysages. — Étude de tête et croquis. Dix dessins par Cl. Lorain, H. Robert et autres.

330. Sous ce numéro seront vendus les dessins et tableaux omis au présent catalogue.

www.ingramcontent.com/pod-product-compliance
Lightning Source LLC
Chambersburg PA
CBHW071203240526
45470CB00017B/1255